초등 과학 교과 연계

3학년 1학기 3. 동물의 한살이　**2학기** 2. 동물의 생활
5학년 1학기 5. 다양한 생물과 우리 생활　**2학기** 2. 생물과 환경

_____ 학년 _____ 반

이름 _____

강누리 글

덕성여자대학교에서 중어중문학을 전공하고 출판사에서 어린이 책을 만드는 일을 했습니다. 눈높이 전집팀에서 다수의 전집 개발에 참여했고, 지금은 어린이 책의 원고를 쓰고 있습니다. 지은 책으로 《백두대간 옛이야기 반쪽이》, 〈공룡 대발이 생활 동화〉 시리즈 등이 있습니다.

김도연 그림

홍익대학교 미술대학에서 회화를 전공하고 다양한 표현기법을 연구해 왔습니다. 지금은 어린이의 눈으로 재미있고 공감 가는 그림책을 만들고 있습니다. 그린 책으로 《박혁거세》, 《장복이, 창대와 함께하는 열하일기》, 《호범이랑 호랑이랑 호랑이 이야기》, 《조선의 어린이 명문장가》 등이 있습니다.

정보 제공 및 내용 감수에 참여한 국립생태원 임직원

강재연, 조영호, 한용구, 김낭희

미래 생태학자를 위한

매미 탐험북

발행일 2023년 12월 15일 초판 2쇄 발행

엮음 국립생태원
그림 김도연
발행인 조도순
책임편집 최인수 | **편집** 안정섭 | **본문구성·진행** 김혜영 | **디자인** 나비
사진 국립생태원(강재연, 조영호), 국립생물자원관, 국가생물종지식정보시스템, 배윤혁, Shutterstock, Gettyimagesbank
발행처 국립생태원 출판부 | **신고번호** 제 458-2015-000002호(2015년 7월 17일)
주소 충남 서천군 마서면 금강로 1210 | www.nie.re.kr
문의 041-950-5999 | press@nie.re.kr

ⓒ 국립생태원 National Institute of Ecology, 2021
ISBN 979-11-6698-025-1 73400

※ 이 책에 실린 모든 글과 그림을 저작권자의 허락 없이 무단으로 사용하거나
복사하여 배포하는 것은 저작권을 침해하는 것입니다.

▲ **주의** 다칠 우려가 있습니다. 본 교재를 던지거나 떨어뜨리지 않도록 주의하십시오.
고온 다습한 장소나 직사광선이 닿는 장소에는 보관을 피해 주십시오.

미래 생태학자를 위한

매미 탐험북

국립생태원 엮음

국립생태원
NIE PRESS

머리말
신비한 매미의 세계를 탐험해요

안녕하세요, 미래 생태학자를 꿈꾸는 어린이 여러분!

무더운 여름날, 나무에 붙어서 맴맴 울어 대는 매미를 본 적이 있나요? 울음소리를 들어 본 적은 많아도 직접 매미를 보거나 만져 본 적은 별로 없을 거예요. 시끄럽게 운다며 싫어하는 사람도 있지만, 매미는 그렇게 울기 위해 아주 오랜 시간을 땅속에서 보내야 해요. 매미는 지구에서 가장 오래 사는 곤충 가운데 하나예요. 하지만 대부분의 시간을 땅속에서 애벌레로 보내고, 땅 위로 올라와서 보내는 시간은 고작 3~4주밖에 되지 않는답니다.

매미는 전 세계에 약 1,500종이 있고, 우리나라에는 12종류가 살아요. 종류에 따라 사는 곳도 다르고 생김새도, 울음소리도 달라요. 매미는 작은 몸집으로 귀가 먹먹할 만큼 커다랗게 울어 대요. 여기에는 매미만의 비밀이 숨어 있지요. 수컷 매미의 배 속은 텅 비어 있어서 소리를 더 크게 울릴 수 있어요. 우렁차게 우는 것은 수컷이고 암컷은 울지 못해요.

　우리는 잘 모르는 것에는 관심도 생기지 않고 사랑할 수도 없어요. 매미를 포함해 우리와 함께 지구에서 살아가는 모든 생물들에 대해서도 마찬가지예요. 더 잘 알게 되면 될수록 점점 더 사랑스럽게 느껴지기 마련이지요.

　이 책은 매미의 신비로운 생태를 공부하며, 채집하고 관찰할 수 있도록 안내해 주어요. 이 책을 읽고 나서 매미와 더욱 친해지고, 이 작고 시끄럽지만 매력적인 친구를 소중히 여기게 된다면 좋겠어요.

　동물과 식물이 살지 못하는 환경에서는 사람도 살지 못해요. 자연과 사람이 더불어 살아갈 때 건강한 미래를 만들어 나갈 수 있어요.

　자, 그럼 지금부터 '내가 바로 매미 박사!'라고 생각하며 신비한 매미의 세계를 함께 탐험해 볼까요?

국립생태원장 조도순

차례

매미 탐구하기
여름 최고의 가수, 매미 10
매미는 노린재목에 속해요 12
매미의 생김새 14
- 생각더하기 누가 가장 오래 살까? 16

매미의 한살이
불완전 탈바꿈을 하는 매미 20
짝짓기를 하고 알을 낳아요 22
알에서 나와 애벌레가 되어요 24
애벌레로 오랜 시간을 보내요 26
날개돋이를 해요 28
- 생각더하기 매미의 천적 30

우렁찬 매미의 울음소리
사랑받고 싶은 수컷 34
매미는 어떻게 울까요? 36
매미 울음소리의 비밀 38
매미는 도시의 천덕꾸러기 40
- 생각더하기 매미의 요모조모 42

우리나라의 매미

우리나라를 대표하는 참매미 46
도시의 무법자, 말매미 48
날개가 불투명한 유지매미 50
여름을 알리는 소요산매미 51
숨바꼭질 천재, 털매미 52
최고의 가수, 애매미 53
산속의 멋쟁이, 참깽깽매미 54
점잖게 우는 쓰르라미, 쓰름매미 55
가을 노래를 부르는 늦털매미 56
소나무를 좋아하는 호좀매미 56
소리가 들릴락말락, 세모배매미 57
색깔이 다양한 고려풀매미 57

 매미를 만들어 볼까? 58

스스로 연구하기

매미를 관찰하고 채집하기 62
매미 관찰일기 쓰기 64
나만의 매미 노트 만들기 66
궁금한 것을 묻고 답해요 68
매미 탐구 퀴즈를 풀어요 70

매미 탐구하기

무더운 여름날, 맴맴 울어 대는 매미 소리를 들어 본 적이 있을 거예요.
친숙한 것 같지만, 사실은 잘 알지 못하는 친구가 바로 매미랍니다.
시끄럽게 울어서 싫다고요? 하지만 그렇게 울기 위해서
매미는 몇 년간이나 땅속에서 살아가야 해요.
땅 위로 올라와서는 고작 3~4주밖에 살지 못하지요.
지금부터 가깝고도 먼 곤충 매미를 탐구하러 함께 떠나 볼까요?

여름 최고의 가수, 매미

매미는 수컷만 울어요. 암컷 매미는 울지 못해서 '벙어리매미'라고도 불린답니다.

하루 종일 맴맴맴

"맴맴맴맴, 매애애."
무더운 여름날 매미가 시끄럽게 울어요. 여러 마리가 한꺼번에 울어 댈 때는 귀가 따가울 정도예요. 매미는 지치지도 않나 봐요. 하루 종일 울고 또 울어요. 그런데 우는 매미는 수컷뿐이에요. 왜 우느냐고요? 암컷을 찾기 위해서랍니다. '맴맴' 울음소리는 "나와 결혼해 주세요."라는 수컷 매미의 간절한 외침이랍니다.

여름을 대표하는 곤충

매미는 여름에 가장 흔하게 볼 수 있는 곤충 가운데 하나예요. 매미 소리가 들리는 나무로 다가가 잘 살펴보면, 침처럼 뾰족한 주둥이를 나무줄기에 꽂고서 나무즙을 빨아 먹는 매미를 볼 수 있어요. 우리 조상들도 매미를 여름에 만나는 친근한 곤충으로 여겼어요. 5만 원짜리 지폐에 그려져 있는 신사임당도 〈초충도〉란 그림에 매미를 그렸답니다.

말매미 우리나라에서 가장 큰 매미예요.

황제매미 세계에서 가장 큰 매미예요.

참매미 우리나라를 대표하는 매미예요.

동남아시아에 사는 매미들은 날개 색이 화려한 것도 많아요.

오래 사는 곤충

어른이 된 매미는 길어야 3~4주 정도밖에 살지 못해요. 어른이 되어 짝짓기를 하고 알을 낳으면 곧 죽는 셈이에요. 조금 안쓰럽지요? 하지만 알에서 어른벌레가 되기까지는 제법 긴 시간이 걸려요. 애벌레로 생활하는 기간이 무척 길기 때문이에요. 최소 1년 이상은 애벌레로 지낸다고 하니 놀라울 따름이지요. 애벌레로 사는 기간은 종류마다 다르지만, 북아메리카에 사는 매미 중에는 무려 17년 동안 애벌레로 사는 것도 있다고 해요.

활동!

여름에 매미를 자주 볼 수 있는 장소를 조사해 보세요.

매미는 노린재목에 속해요

노린재목의 특징

매미는 노린재목에 속하는 곤충이에요. '목'이란 비슷한 생김새로 동물을 분류해 놓은 것을 말해요. 같은 '목'인 동물들은 서로 먼 친척 관계라고 볼 수 있어요.

노린재 무리에 속하는 곤충들은 뾰족한 주둥이로 동물이나 식물의 즙을 빨아 먹고 살아요. 노린재, 장구애비, 매미 등이 노린재목에 속하지요. 매미처럼 땅 위에서 생활하는 것들도 있고, 장구애비나 소금쟁이처럼 물속이나 물가에서 사는 것들도 있어요.

나는 노래하는 사랑꾼이야.

노린재는 독한 냄새인 노린내를 풍겨서 적을 물리쳐요.

날 건드리면 지독한 냄새를 맡게 해 주지! 흐흐.

나는 물 위를 걸어 다니는 롱 다리!

매미

소금쟁이

노린재

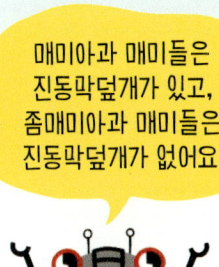

매미아과 매미들은 진동막덮개가 있고, 좀매미아과 매미들은 진동막덮개가 없어요.

동물계
↓
절지동물문
↓
곤충강
↓
노린재목
↓
매미과

┌─────────┴─────────┐
매미아과   좀매미아과

털매미, 늦털매미, 참깽깽매미,   세모배매미,
말매미, 유지매미, 참매미,   호좀매미,
소요산매미, 쓰름매미, 애매미   고려풀매미

우리나라 매미의 특징

우리나라에 사는 매미는 총 12종이에요. 하지만 말매미, 참매미, 애매미, 쓰름매미, 유지매미, 털매미 정도만 쉽게 볼 수 있어요. 나머지 늦털매미, 호좀매미, 소요산매미, 세모배매미, 참깽깽매미, 고려풀매미는 발견하기가 쉽지 않아요. 그래서 매미는 생김새도 소리도 거의 비슷하다고 생각하는 경우가 많아요. 하지만 알고 보면 사는 곳도, 크기도, 모양도, 소리도 다 다르답니다.

활동!

'노린재목'에는 또 어떤 곤충이 있는지 알아보세요.

매미의 생김새

매미의 몸은 머리, 가슴, 배로 나뉘어요. 몸길이는 16~41밀리미터 정도로 종류에 따라 다양해요. 날개는 두 쌍이고, 앞날개가 뒷날개보다 커요. 날 때는 날개를 활짝 펴고, 쉴 때는 몸 위로 살짝 접어 두지요. 배는 두꺼운 편이에요.

매미는 자세히 보지 않으면 암컷과 수컷이 똑같아 보여요. 맴맴 우는 것은 수컷이에요. 암컷은 소리를 내지 못해요. 자세히 보면 암컷의 배가 조금 더 길고 뾰족한데, 뒤집어 보면 산란관이 튀어나와 있답니다.

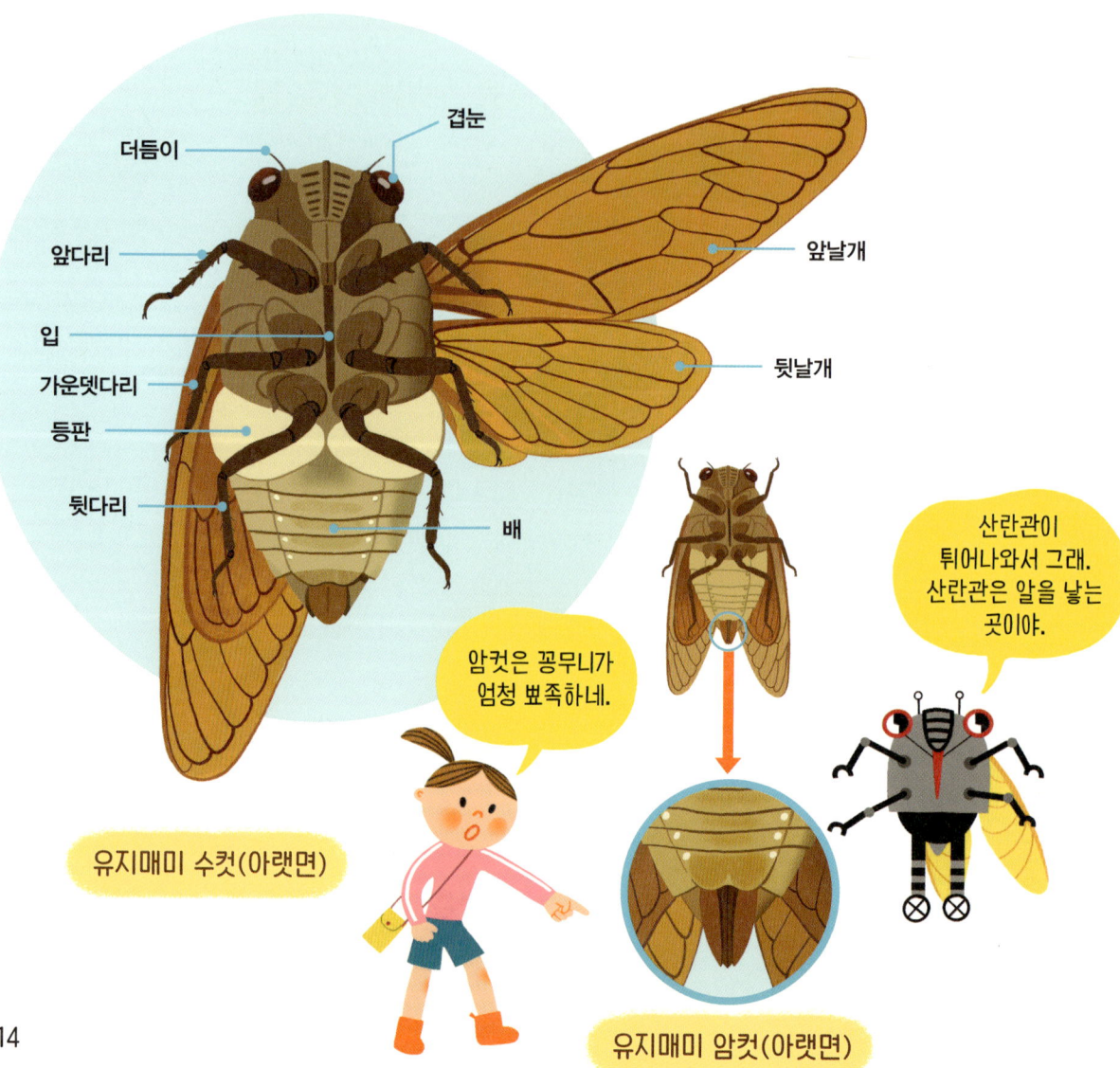

유지매미 수컷(윗면)

# 누가 가장 오래 살까?

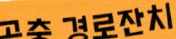
곤충 경로잔치

여러분을 모시고 즐거운 잔치를 열게 되어 기쁩니다. 올봄 이른 장마와 태풍으로 어려움이 많았지만, 모두 잘 버텨서 이 자리에 모였으니 다 함께 즐겨 볼까요!

그동안 잘 지내셨습니까?

다들 오랜만이네요.

매미 어르신, 오랜 기다림 끝에 어른벌레가 되신 걸 축하드려요.

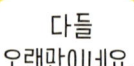

고마워요. 어른벌레가 된 지 3주가 넘었으니 요즘 많이 힘들군요.

난 여러분이 부러워요. 어른벌레로 오래 사니까 말이에요.

그렇지도 않아요. 저는 알을 낳느라 하루하루 힘에 부쳐요.

기운 내서 오래오래 사셔야죠.

가장 오래 사는 곤충은 무엇일까요?

일반적으로 가장 오래 사는 곤충으로 알려진 것은 매미예요. 매미는 종류에 따라 2~17년까지 땅속에서 오랜 기간 애벌레 상태로 보내요. 하지만 안타깝게도 어른벌레로 땅 위에서 지내는 기간은 몇 주 정도로 무척 짧아요. 반면에 여왕개미는 어른벌레로 10년, 여왕벌은 3년, 장수풍뎅이와 사슴벌레는 1~2년 정도 살아요.

매미의 한살이

매미는 지구에서 가장 오래 사는 곤충 가운데 하나예요.
대부분의 기간을 땅속에서 애벌레로 보내다 보니,
매미의 생태에 대해서 아직까지 모르는 것이 많아요.
장수풍뎅이나 사슴벌레처럼 기를 수도 없고,
땅속에 살아서 발견하기도 쉽지 않은 곤충 매미.
지금부터 비밀스러운 매미의 한살이를 함께 알아보아요.

불완전 탈바꿈을 하는 매미

'이게 내 아기 때 모습이라고?'

탈바꿈이란 무엇인가요?

생물이 태어나 자라서 자손을 남기고 죽는 과정을 '한살이'라고 해요. 그중에서 곤충은 알에서 깨어나 어른벌레가 되기까지 여러 단계를 거쳐야 해요. 곤충은 자라는 과정에서 허물(몸의 껍질)을 벗고 이전과는 다른 생김새로 변하는데, 이것을 '탈바꿈'이라고 해요.

완전 탈바꿈을 하는 곤충들은 애벌레 때와 어른벌레 때 사는 곳과 먹이가 달라요.

완전 탈바꿈을 하는 곤충

알, 애벌레를 거쳐 움직임이 거의 없는 번데기 시기를 지나 어른벌레가 되는 것을 '완전 탈바꿈'이라고 해요. 완전 탈바꿈을 하는 곤충들은 애벌레와 어른벌레의 생김새가 다른 경우가 많아요. 애벌레 때는 몸이 길고 다리가 많아 꼬물꼬물 기어 다니다가 번데기 상태에서 잠을 자며 생김새가 완전히 달라지지요. 완전 탈바꿈을 하는 곤충으로는 나비, 벌, 파리 같은 것들이 있답니다.

호랑나비

알 → 애벌레 → 번데기 → 날개돋이 — 어른벌레

불완전 탈바꿈을 하는 곤충

알, 애벌레 시기를 지나 번데기 시기 없이 어른벌레가 되는 것을 '불완전 탈바꿈'이라고 해요. 불완전 탈바꿈을 하는 곤충은 애벌레와 어른벌레의 모양이 비슷한 것도 있고, 완전히 다른 것도 있어요. 애벌레는 여러 번 허물을 벗으면서 자라요. 애벌레와 어른벌레는 사는 곳과 먹이가 대부분 비슷하지요. 매미도 불완전 탈바꿈을 하는 곤충이에요. 사마귀, 메뚜기, 잠자리 등도 불완전 탈바꿈을 해요.

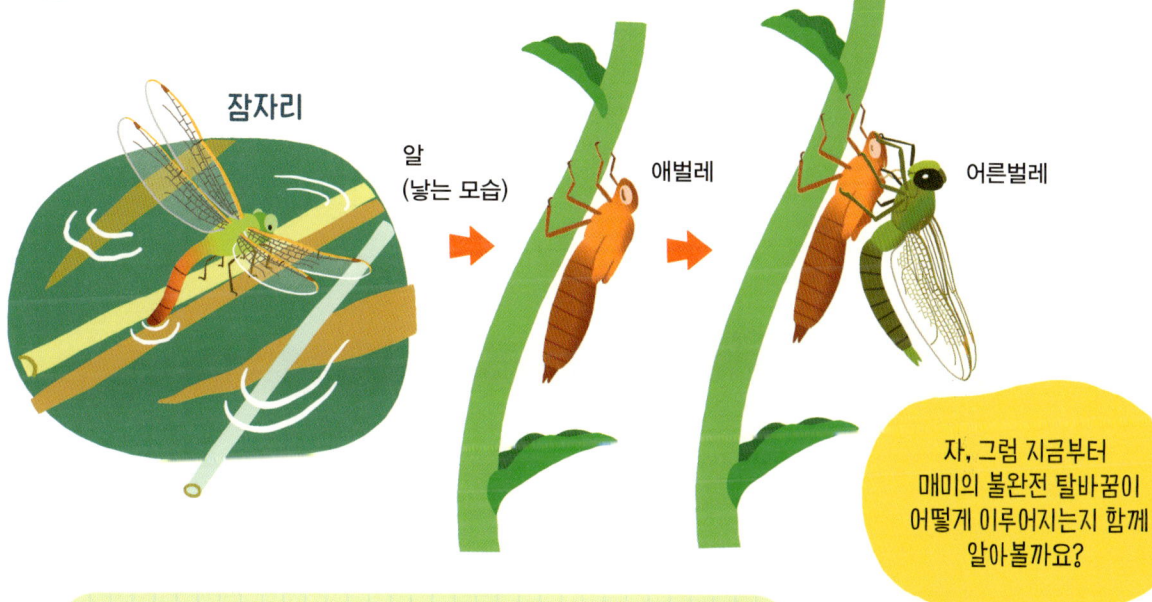

잠자리 / 알(낳는 모습) / 애벌레 / 어른벌레

자, 그럼 지금부터 매미의 불완전 탈바꿈이 어떻게 이루어지는지 함께 알아볼까요?

탈바꿈하지 않는 곤충도 있다고요?

알에서 나와 어른벌레가 될 때까지 탈바꿈하지 않고, 허물을 벗으며 크기만 자라는 곤충도 있어요. 이렇게 모양이 변하지 않는 곤충을 '무탈바꿈' 곤충이라고 하는데, 좀이 대표적이에요.

활동!
완전 탈바꿈을 하는 곤충과 불완전 탈바꿈을 하는 곤충을 더 찾아보세요.

짝짓기를 하고 알을 낳아요

수컷이 맴맴 울며 짝을 찾아요

매미는 어른벌레로 사는 짧은 기간 동안 짝짓기를 하고 알을 낳아야 해요. 그래서 수컷은 짝을 찾기 위해 열심히 노래를 불러요. 암컷이 보이면 꽁무니를 치켜들고 노래를 부르며 다가가지요. 하지만 짝짓기는 쉽지 않아요. 수컷이 마음에 들지 않으면 암컷은 날갯짓을 하며 밀어내거나 도망가 버리거든요.

짝짓기를 해요

수컷이 다가가도 암컷 매미가 가만히 있으면 짝짓기를 시작해요. 암컷 곁으로 다가간 수컷은 꽁무니를 살짝 포개며 짝짓기를 하지요. 매미가 짝짓기하는 모습은 영어 브이(v) 자 모양을 닮았어요.

나무에 구멍을 뚫어요

짝짓기를 마친 암컷은 꽁무니에 있는 송곳처럼 뾰족한 산란관으로 나무에 구멍을 뚫어요. 알을 낳기 위해서예요.

매미 종류에 따라 다르지만, 암컷은 구멍 하나에 몇 개에서 수십 개까지 알을 낳아요.

알을 낳아요

매미 암컷은 무려 200~600개 정도의 알을 낳아요. 매미가 알을 낳은 나뭇가지에는 산란관으로 구멍을 뚫은 흔적이 남아 있답니다.

알이 나뭇가지 속에서 잠을 자요

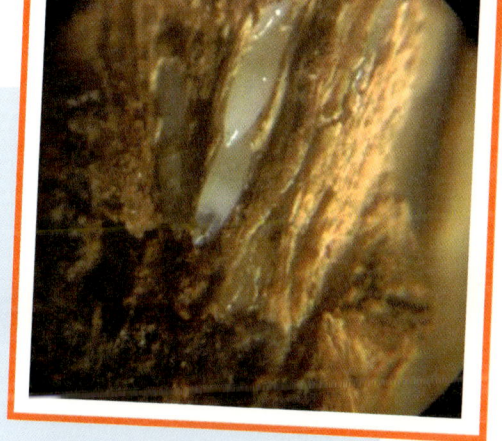

매미 알은 하얗고 길쭉한 쌀알 모양이에요. 길이는 1.5~3밀리미터 정도 된답니다. 살아 있는 나뭇가지에 알을 낳으면 그 나뭇가지는 곧 말라 죽지요. 매미는 알에서 나오는 데에도 꽤 오랜 시간이 걸려요. 1년이 넘게 걸리는 것도 있지요.

우리나라 매미는 종류에 따라 그해 가을 알에서 나오는 것들도 있고, 이듬해 여름에 나오는 것들도 있어요.

한여름, 나뭇가지에 구멍이 보인다면 매미가 알을 낳은 곳이라고 볼 수 있어요.

….

나무한테 미안하지 않아?

활동!

매미가 알을 낳은 나뭇가지를 찾아보세요.

알에서 나와 애벌레가 되어요

알을 자세히 관찰하면 작은 갈색 눈이 보이는데, 알에서 나올 때가 되면 점점 또렷해져요.

알이 움직여요

나뭇가지 속에서 오랜 시간을 보낸 알은 때가 되면 꼼지락거리며 움직여요. 밖으로 나올 준비를 하는 거예요. 알은 꼬물거리며 나뭇가지 밖으로 나오지요.

알에서 나와요

밖으로 나온 알은 한곳에 자리를 잡아요. 꿈틀대며 알껍질을 벗고 밖으로 나온 애벌레는 어른 매미와 비슷하게 생겼어요.

땅속으로 들어가요

알에서 나온 애벌레는 땅으로 툭 떨어져요. 그러고는 곧장 흙을 파고 들어가지요. 개미나 거미 같은 적에게 잡아먹히지 않으려면 서둘러야 해요.

땅속으로 들어가지도 못한 채 죽는 애벌레도 많대요.

매미 알을 부화시키는 법

1. **매미가 알을 낳은 나뭇가지를 준비해요.**
계절이 봄에서 여름으로 넘어가는 시기라면, 지난해 여름 매미 소리가 요란했던 나무를 잘 살펴보세요. 죽은 나뭇가지에서 매미가 알을 낳은 흔적을 찾을 수 있을 거예요. 그 나뭇가지의 일부를 잘라 알을 확인하세요. 이때 나뭇가지는 딱 하나만 잘라야 해요. 잘못하면 매미들이 태어나지도 못하고 죽을 수도 있으니까요.

2. **투명한 그릇을 준비해요.**
관찰하기 쉽게 투명한 유리 그릇이나 플라스틱 그릇을 준비해요. 사육 상자가 있다면 그것을 써도 좋아요.

3. **그릇에 흙을 깔아요.**
그릇 안에 흙을 두툼하게 채워요. 매미 애벌레는 땅속에서 살기 때문에 환경을 최대한 비슷하게 맞춰 주는 것이 중요해요.

4. **나뭇가지에 물을 뿌려요.**
매미 알이 사는 나뭇가지는 자연 속에서라면 이슬도 맞고 비도 맞아요. 그와 비슷하게 하루에 한두 번 분무기로 나뭇가지에 물을 뿌려 주어요.

5. **열심히 관찰해요.**
갓 태어난 애벌레는 무척 작아서 잘 보이지 않아요. 게다가 태어나자마자 땅속으로 들어가기 때문에 열심히 관찰하지 않으면 때를 놓치기 쉽답니다.

6. **애벌레가 되면 자연으로 돌려보내요.**
매미 애벌레는 집에서 기를 수 없어요. 관찰이 끝나면 나무와 흙이 많은 곳에 놓아 주세요. 땅속으로 파고 들어가는 애벌레 모습을 관찰할 수 있어요.

알을 부화시키는 것은 매우 어려운 일이에요. 되도록 자연에서 살도록 그냥 두는 것이 좋아요.

애벌레로 오랜 시간을 보내요

매미는 종류에 따라 땅속에서 1~2년만 지내는 것도 있고 17년이나 사는 것도 있어요.

나무뿌리의 즙을 빨아 먹어요

땅속으로 들어간 매미는 뾰족한 주둥이를 나무뿌리에 찔러서 나무 즙을 빨아 먹어요. 매미 애벌레는 다리가 튼튼해서 땅을 잘 파지요.

허물을 벗으며 조금씩 자라요

매미는 애벌레로 땅속에서 오랫동안 살아요. 종류에 따라 다르지만 보통 4~7년 정도를 땅속에서 보내요. 4~5번 정도 허물을 벗으며 아주 조금씩, 천천히 자라지요.

활동!

여름 해 질 무렵, 매미 애벌레를 찾아보세요.

매미 애벌레를 발견하는 방법

• 저녁 5시에서 8시 사이에 찾아보세요. 매미 애벌레는 해 질 무렵 땅 밖으로 나오니까요.

• 되도록 풀이 없는 곳으로 가세요. 풀이 많으면 애벌레가 잘 보이지 않으니까요.

• 매미 허물이 많이 붙어 있는 나무 아래에서 기다리세요. 주변 땅속에 매미가 많이 살고 있다는 뜻이니까요.

땅 위로 나와요

다 자란 애벌레는 맑은 날, 해 질 무렵 땅 위로 나와요. 여름날 해 질 무렵 나무 밑동 주변을 잘 살펴보세요. 매미 애벌레가 땅 밖으로 나오는 것을 볼 수 있답니다.

멍멍!

땅 밖으로 나온 애벌레의 몸에는 흙이 잔뜩 묻어 있어요.

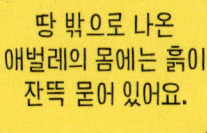

날개돋이를 해요

땅 위로 나온 매미 애벌레는 나무를 향해 엉금엉금 기어가요. 날개돋이를 하기 위해서예요. 날개돋이란 곤충의 애벌레나 번데기가 날개가 있는 어른벌레로 변

말매미의 날개돋이

① 나무에 기어올라 자리를 잡아요.

② 애벌레의 등이 세로로 갈라져요.

③ 갈라진 곳에서 매미의 등과 머리가 나오기 시작해요.

④ 몸이 반쯤 나오면 뒤로 젖혀요..

하는 것을 말해요. 날개돋이는 천적이 드문 어두운 저녁에 이루어져요. 하지만 날개돋이가 끝나도 매미는 한동안 움직이지 못해요. 몸이 젖어 있거든요. 애벌레 껍질에 붙어서 한참 동안 몸을 말려야 한답니다.

매미 종류마다 다르지만 날개돋이를 하는 데 1~2시간쯤 걸려요.

❺ 몸을 다시 일으키며 꼬리를 빼내요.

❻ 애벌레 껍질을 붙잡고 젖은 몸과 날개를 말려요.

❼ 몸이 마르면서 색깔이 점점 진해져요.

❽ 어른 매미가 되었어요.

다 마르니까 검은색 광택이 나네.

매미의 천적

모든 동물이 그렇듯 매미도 살아가는 내내 천적에게 시달려요. 곤충 중에서는 꽤 큰 편이지만, 매미 역시 다른 동물들에 비하면 작고 연약한 곤충이니까요. 어떤 동물들이 매미의 천적인지 함께 알아볼까요?

개미 개미들은 알에서 갓 태어난 매미 애벌레를 노려요. 땅속으로 재빨리 숨지 못하면 개미들의 먹이가 되고 말지요. 개미들은 날개돋이 중인 매미도 공격해요. 어른 매미가 죽으면 처리를 하는 것도 바로 개미들이지요.

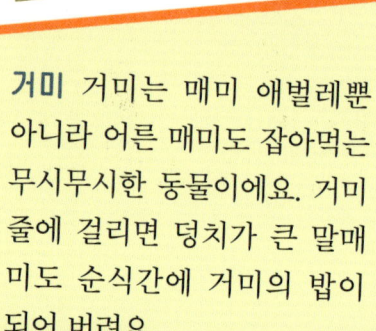

거미 거미는 매미 애벌레뿐 아니라 어른 매미도 잡아먹는 무시무시한 동물이에요. 거미줄에 걸리면 덩치가 큰 말매미도 순식간에 거미의 밥이 되어 버려요.

사마귀 사마귀는 온갖 곤충을 잡아먹어요. 매미도 예외는 아니에요. 날카로운 턱으로 꽉 물면 매미도 꼼짝없이 당한답니다.

새 도시에 사는 매미에게 제일 무서운 것은 아마도 참새와 까치 같은 잡식성 새일 거예요. 이 새들은 매미를 잡아먹으려고 늘 기회를 엿보거든요.

두더지 땅속에 사는 두더지도 매미 애벌레를 잡아먹어요. 두더지는 매미 애벌레뿐만 아니라 각종 곤충의 애벌레, 번데기, 지렁이, 거미 등을 닥치는 대로 잡아먹지요.

매미도 그럴지만, 매미를 잡아먹는 천적도 환경오염 때문에 많이 줄어들었다고 해요.

우렁찬 매미의 울음소리

맴맴맴! 우리는 여름 내내 매미 소리를 들을 수 있어요.
그런데 매미가 어떻게 소리를 내는지 알고 있나요? 몸집도 작은
매미가 귀가 먹먹할 정도로 크게 소리를 내다니, 참 신기하죠?
매미가 무언가 비밀을 숨기고 있나 봐요.
지금부터 매미 울음소리의 비밀을 파헤치러 떠나 볼까요?

사랑받고 싶은 수컷

수컷들은 화려한 생김새 때문에 눈에 잘 띄어 적에게 잡아먹히기 쉬워요.

화려해야 사랑받아요

동물 중에는 암컷과 수컷의 생김새가 다른 것들이 많아요. 다음 동물 중 누가 암컷이고 수컷일까요? 그리고 이렇게 구분하는 기준은 무엇일까요?

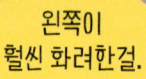

왼쪽이 훨씬 화려한걸.

왼쪽에 있는 동물이 수컷이고, 오른쪽에 있는 동물이 암컷이에요. 수컷이 더 화려하지요? 왜 그럴까요? 그 이유는 암컷에게 잘 보이기 위해서예요. 암컷은 짝을 지을 때 자기 마음에 드는 수컷을 골라요. 그래서 수컷들은 암컷의 눈에 들기 위해 생김새가 화려해졌어요.

하지만 이런 화려한 모습 때문에 살면서 어려움을 겪기도 해요. 수사자는 가뜩이나 더운 사바나에서 털이 무성하게 갈기를 길러야 하고, 수컷 공작은 길게 늘어진 꼬리 때문에 날기 어려워요. 수사슴은 도망칠 때 뿔이 나무에 걸려 적에게 잡히기 쉽답니다.

힘이 세야 사랑받아요

수컷은 힘으로 경쟁자를 물리쳐야 할 때도 있어요. 사자처럼 무리 생활을 하는 동물들은 수컷끼리 싸워서 힘없는 수컷은 쫓아내 버려요.

장수풍뎅이나 사슴벌레도 먹이와 짝을 차지하기 위해 수컷끼리 싸움을 벌여요.

노래를 잘 불러야 사랑받아요

생김새가 화려하거나 힘이 세지 않은 수컷도 있어요. 매미와 귀뚜라미가 바로 그렇답니다. 수컷 매미와 귀뚜라미는 암컷에게 잘 보이기 위해 열심히 노래를 불러요.

매미는 어떻게 울까요?

매미는 배로 울어요

호랑이의 쩌렁쩌렁한 울음소리, 새의 아름다운 노랫소리, 사람들의 이야기 소리는 모두 목으로 내는 소리예요. 이처럼 대부분이 목에 있는 성대로 소리를 내요. 그런데 좀 별나게 배로 소리를 내는 곤충이 있답니다. 바로 매미예요.

소리를 내는 발음기

수컷

진동을 이용해 소리를 내요

매미 배의 양쪽 옆구리에는 진동막이 있어요. 이 진동막은 영어 브이(v) 자처럼 생긴 발음근과 이어져 있지요. 매미는 이 발음근을 오므렸다 폈다 하면서 진동막을 울려서 소리를 내요. 매미는 발음근을 1분에 300~400번이나 오므렸다 폈다 하면서 진동막을 두드리는데, 마치 채로 징을 쳐서 소리가 울려 퍼지게 하는 것과 비슷하다고 보면 돼요.

매미의 진동막

매미의 진동막은 얇지만 매우 튼튼하고 겉이 갈비뼈처럼 볼록볼록 나와 있어요.

암컷 매미의 배 속에는 진동막과 발음근 대신 알이 가득 차 있답니다.

배 속의 대부분이 비어 있어요

수컷 매미의 배 속을 살펴보면 대부분이 텅 비어 있어요. 그 이유는 소리를 더 크게 울려 퍼지게 하기 위해서예요. 이렇게 비어 있는 공간을 공명실이라고 해요. 매미는 배를 들이밀었다 내밀었다 하는 동작과 배딱지를 열었다 덮었다 하는 동작을 통해 소리를 밖으로 내보내요. 그래서 매미가 울 때 자세히 관찰하면, 배가 움직이면서 배 끝이 살며시 올라가는 것을 볼 수 있어요.

귀뚜라미, 여치 등 다른 곤충들은 어디로 소리를 내는지 조사해 보세요.

매미 울음소리의 비밀

매미는 어떻게 울까요?

매미의 울음소리는 매미가 처한 상황에 따라 달라져요. 늘 같은 소리로만 울지 않는답니다.

매미는 암컷을 불러내기 위해 노래를 불러요.

암컷이 나타나면 더 큰 소리로 노래를 불러요.

종종 방해꾼 매미가 나타나요.

그러면 매미는 방해꾼을 쫓아내기 위해 거세게 울어요.

만약 다른 매미가 울면 따라 울어요.

적이 다가오면 떼 지어 울어서 다가오지 못하게 해요.

매미는 언제 울까요?

매미는 아무 때나 울지 않아요. 여러 가지 조건이 맞아야만 운답니다.

첫째, 몸이 따뜻해야 울어요.

추운 날에는 몸이 움츠러들고 움직이기가 쉽지 않아요. 매미도 마찬가지예요. 발음근이 활발하게 움직일 수 있는 온도가 되어야 소리를 낼 수 있답니다. 적당한 온도는 매미의 종류마다 달라요. 대체로 날이 맑고 더워질수록 우는 매미가 많아지고, 울음소리도 더 커지지요.

둘째, 밝아야 울어요.

매미는 주로 낮에 울고 밤에 쉬어요. 하지만 종류에 따라서 해가 지기 시작할 무렵 우는 매미도 있답니다. 우리나라 매미 중에서는 털매미와 늦털매미가 늦은 시간에도 우는 것으로 유명해요.

활동! 화창한 날과 비 오고 바람 부는 날 매미 울음소리가 어떻게 달라지는지 관찰해 보세요.

매미는 도시의 천덕꾸러기

밤낮 가리지 않고 우는 도시의 매미

여름이 되면 매미 소리 때문에 잠 못 이루는 사람이 많아요. 매미가 밤에도 시끄럽게 울어 대기 때문이지요. 원래 매미는 낮에 울고 밤에 쉬는 곤충이에요. 그런데 왜 밤에도 울게 되었을까요?

밤새 꺼지지 않는 간판과 곳곳을 비추는 가로등이 있어서 도시는 밤에도 대낮처럼 환해요. 그래서 매미가 밤낮을 구별하지 못하고 밤에도 열심히 우는 거예요.

그리고 도시는 시골보다 기온이 높아요. 열기가 빌딩 사이에 갇혀 빠져나가지 못하고, 에어컨 실외기에서 더운 공기를 내뿜기 때문이지요. 덕분에 무더운 여름밤이 계속되면 매미들은 밤새 울어대요.

또 매미는 다른 매미가 울면 따라 우는 습성이 있어요. 옆에 친구가 짝을 찾겠다고 우는데, 다른 매미들도 질 수 없잖아요.

하지만 매미들도 할 말이 있어요. 도시에는 자연에 비해 매미의 천적이 적어요. 게다가 매미들이 좋아하는 나무가 거리 곳곳에 있고, 기온도 높아서 매미의 수가 늘어날 수밖에 없답니다.

도시의 소음과 매미의 울음소리 비교

도시에서 들을 수 있는 가장 시끄러운 소리는 무엇일까요? 사람들은 대부분 매미라고 생각해요. 도심지 주택가에서 소음으로 정하는 기준이 50~60데시벨인데, 말매미나 참매미는 80데시벨 정도로 울어 대니까요. 물론 이보다 시끄러운 것들도 많아요. 하지만 매미는 여럿이 떼로 울기도 하고, 밤낮없이 울기 때문에 사람들은 매미를 더 시끄럽게 여긴답니다.

공사장 기계 60~70데시벨

말매미 80데시벨

참매미 80데시벨

공사장 착암기 130데시벨

자동차 경적 110데시벨

***착암기**는 바위에 구멍을 뚫는 기계예요.

매미의 요모조모

여름이면 맴맴 시끄럽게 울어 대는 것, 애벌레 상태로 땅속에서 오랜 시간을 보내는 것 외에도 매미에게는 흥미로운 점이 많아요. 조금만 관심을 기울이면 매미에 관한 새로운 사실들을 알 수 있답니다. 알고 보면 흥미진진한 매미의 세계로 떠나 볼까요?

17년마다 나타나는 매미 떼

우리나라 매미는 땅속에서 평균 4~5년 동안 지내다 땅 위로 올라와요. 하지만 미국과 캐나다 일부 지역에는 13년이나 17년에 한 번씩 나타나는 매미가 있어요. 이 매미들을 '주기매미'라고 해요. 문제는 엄청난 수의 매미 떼가 한꺼번에 나타난다는 거예요. 시끄러운 소음은 물론이고, 나무들도 큰 피해를 입는답니다. 왜 한꺼번에 나타나는지는 아직 정확하게 밝혀지지 않았어요. 번식률을 높이기 위해서라고 추측할 뿐이지요.

약으로 쓰이는 매미 허물

우리 조상들은 매미 허물을 귀한 약으로 여겼어요. 두드러기가 나거나 열이 날 때, 몸에 경련이 일어날 때 매미 허물을 먹었다고 해요. 요즘도 한의원에서는 매미 허물을 약으로 써요. 또 최근 연구 결과에 따르면, 매미 허물이 파킨슨병을 치료하는 데에도 효과가 있다고 해요.

태풍 매미

매미는 2003년 가을 우리나라에 큰 피해를 끼친 태풍의 이름이에요. 특히 마산과 부산 등 남해안 지방의 피해가 컸어요. 당시 죽거나 다친 사람이 130명, 부서진 집이 9,000여 채였고 837개의 도로와 30개의 다리가 무너질 정도였답니다. 당시 매미라는 이름을 지은 것은 북한이라고 해요. 아시아에서는 태풍에 각 나라의 고유한 언어로 만든 이름을 붙이고 있어요. 14개 나라가 각각 10개씩 이름을 제출하지요. 우리나라에서 제출한 이름은 개미, 나리, 장미, 미리내, 노루, 제비, 너구리, 고니, 메기, 나비예요.

매미의 다섯 가지 덕과 익선관

조선 시대 임금님은 나랏일을 돌볼 때 익선관이라는 모자를 썼어요. 익선관은 날개 익(翼), 매미 선(蟬), 갓 관(冠) 자를 써서 '매미 날개를 닮은 갓'이란 뜻이지요. 익선관의 꼭대기에는 매미 날개 모양의 작은 뿔이 두 개 달려 있어요. 조상들은 매미가 배움, 깨끗함, 청렴함, 검소함, 믿음과 의리의 다섯 가지 덕을 가졌다고 여겨서 임금의 모자에 매미 날개 모양을 달았다고 해요.

우리나라의 매미

매미는 약 2억만 년 전부터 지구에 살기 시작했어요.
전 세계적으로 약 3,000종이 있고, 우리나라에는
12종의 매미가 살아요. 종류에 따라 사는 곳도,
울음소리도, 모양도 저마다 다르답니다.
지금부터 우리나라 매미에 관해 알아볼까요?

우리나라를 대표하는 참매미

참매미는 우리나라에서 가장 흔하게 볼 수 있는 매미 중 하나예요. 평지와 산지에 두루 살며, 나무의 높은 곳과 낮은 곳을 가리지 않고 지내요. 참매미의 몸은 두꺼우면서도 둥글고, 등에 녹색 점무늬가 있어요.

사람들이 매미 소리를 '맴맴'이라고 표현하는 것은 참매미의 울음소리를 따라 한 거예요. 참매미는 "밈밈밈밈…… 미—." 하고 울거든요. 참매미는 새벽부터 울기 시작해서 맑은 날 아침에 가장 많이 울어요. 그런데 도시에 사는 참매미들은 불빛 때문에 밤에도 시끄럽게 울어서 사람들의 원망을 사곤 하지요.

사는 곳 : 우리나라 전역의 산지와 평지
몸길이 : 약 33mm
울음소리 : 밈밈밈밈…… 미—
나타나는 시기 : 6월 말~9월 말

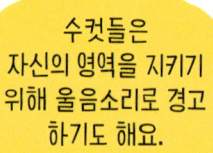

수컷들은 자신의 영역을 지키기 위해 울음소리로 경고하기도 해요.

서로 닮은 참매미와 민민매미

민민매미는 일본에서 흔하게 볼 수 있는 매미 중 하나예요. 그런데 신기하게도 우리나라에 사는 참매미와 참 많이 닮았답니다. 얼핏 보면 쌍둥이처럼 보일 정도예요.

둘은 생김새만큼이나 울음소리도 서로 닮았어요. 그러다 보니 실수로 우리나라 영화나 드라마에 일본의 민민매미 울음소리가 효과음으로 들어간 적도 있대요. 그만큼 비슷하다는 거지요. 하지만 잘 들어 보면 민민매미가 조금 더 높은 소리를 내고, 참매미가 조금 더 낮은 소리로 울어요. 그리고 참매미는 끝음을 올리지만 민민매미는 그렇지 않아요.

이렇게 참매미와 민민매미가 서로 닮다 보니, 어떤 학자들은 두 매미를 서로 같은 종류로 분류하기도 한대요. 반대로 울음소리에 다른 점이 있어서 다른 종류로 분류하는 학자도 있다고 해요.

도시의 무법자 말매미

　말매미는 우리나라 매미 중에서 가장 몸집이 커요. 우리나라 전역의 평지와 낮은 산에서 살아요. 더운 곳을 좋아하는 데다 적응력이 뛰어나 도시에서 흔히 볼 수 있지요.

　말매미는 시끄러운 매미 떼창의 주범이에요. 한 마리가 울기 시작하면 다른 매미들이 따라 울거든요. 몸집만큼이나 목소리도 큰 데다 여러 마리가 동시에 '촤르르르―', '쐐애―'하고 울어 재끼면 귀가 먹먹할 정도랍니다.

　말매미는 날씨가 더워야 울기 때문에 날이 흐리고 기온이 낮은 날에는 잘 울지 않아요. 하지만 열대야 시기가 되면 밤낮없이 울어서 사람들을 고통스럽게 하지요.

사는 곳: 우리나라 전역의 낮은 산지와 평지
몸길이: 약 41mm
울음소리: 촤르르르―, 쐐애―
나타나는 시기: 6월 중순 ~ 10월 중순

멍멍

말매미가 도시에 유난히 많은 이유

장마가 끝나고 불볕더위가 시작되면, 도시에 사는 사람들은 말매미 울음소리 때문에 잠을 설쳐요. 말매미가 밤낮을 가리지 않고 울어대기 때문이지요. 말매미의 울음소리는 80데시벨 정도인데, 청소기나 도로 위 자동차 소음과 맞먹을 정도예요. 게다가 17초 정도를 거의 비슷한 정도로 울어 대서 듣다 보면 지루하고 답답해져요. 게다가 말매미 소리는 사람들이 불쾌감을 느끼는 음역대라서 더 신경이 쓰일 수밖에 없어요.

하지만 도시에는 말매미가 많아질 수밖에 없어요. 우선 말매미가 좋아하는 플라타너스, 벚나무 같은 가로수가 많아요. 먹이가 많으니 말매미 수가 늘어나는 건 당연하겠지요? 그리고 말매미는 더운 날씨를 유난히 좋아해요. 온도가 높은 도시는 말매미가 살기에 더없이 좋은 조건이에요. 게다가 도시에는 말매미의 천적이 거의 없어요. 그래서 여름이 되면 말매미는 도시에서 제일 먼저 나타난답니다.

날개가 불투명한 유지매미

유지매미는 다른 매미들과 좀 다르게 생겼어요. 다른 매미들은 날개가 투명한데, 유지매미만 날개가 불투명하거든요. 유지매미의 날개는 전체적으로 갈색을 띠고, 날개 곳곳에 검고 하얀 무늬가 있어요. 몸은 검은색을 띤답니다.

유지매미는 주로 낮은 산기슭이나 평지에 살아요. 울창한 숲을 좋아하고, 무더운 낮에는 나무에서 쉬다가 오후가 되면 움직이지요. 주로 해가 저물 무렵에 우는데, 한두 번 울면 다른 나무로 날아가서 다시 울어요.

날개가 불투명하다 보니 유지매미를 나방으로 착각하는 사람들도 많아요. 특히 멀리서 날아가는 모습을 보면 몸집이 큰 나방처럼 보인답니다. 참고로 유지는 기름을 뜻해요.

사는 곳: 우리나라 전역의 낮은 산기슭과 평지
몸길이: 약 35mm
울음소리: 지글지글지글……
나타나는 시기: 7월 초~9월 중순

울음소리가 기름에 볶는 것 같다고 해서 유지매미라는 이름이 붙었대요.

여름을 알리는 소요산매미

소요산매미는 우리나라의 소요산에서 발견되어서 이런 이름이 붙었어요. 머리와 등은 녹색, 배는 황갈색을 띠어요. 수컷의 배는 가늘고 길쭉한데, 암컷의 배는 길이가 수컷의 절반밖에 되지 않을 만큼 짧아요. 암수의 크기가 많이 차이 나지요. 특이한 점은 수컷의 배가 반투명하고 배딱지가 아주 작다는 거예요.

소요산매미는 해발고도 약 600미터 부근의 산지에 주로 살아요. 강원도 영월과 평창에 많이 사는 것으로 알려져 있어요.

소요산매미는 6월 초부터 눈에 띄어요. 마치 여름이 시작된다는 것을 알리려는 것처럼요. 그리고 여름이 끝날 무렵 사라진답니다.

매미 중에서는 잘 날지 못하는 편이에요.

사는 곳: 우리나라 전역의 높은 산지
몸길이: 20~33mm
울음소리: 지—잉 깽, 지-잉 깽, 타카 타카 타카 타카……
나타나는 시기: 6월 초~8월 중순까지

소요산매미는 도시에서는 거의 찾아볼 수 없어요.

숨바꼭질 천재 털매미

　털매미는 우리나라 전역에서 볼 수 있는 매미예요. 평지와 산에서 모두 볼 수 있답니다. 하지만 눈에는 잘 띄지는 않아요. 등과 날개의 색이 나무껍질 색과 비슷하기 때문이에요. 자세히 살펴보면 앞날개는 여러 색이 얼룩무늬처럼 섞여 있고, 뒷날개는 검은색이에요. 등에는 영어 더블유(W) 자 무늬가 있답니다.

　털매미는 날씨나 시간을 가리지 않고 울어요. 날이 맑아도 흐려도, 오전에도 오후에도 울지요. 하지만 찾기가 쉽지 않아요. 나무에 앉아 있으면 나무껍질인지, 매미인지 구분이 가지 않거든요.

털매미처럼 다른 동물의 눈에 띄지 않도록, 주변과 몸 색깔이 비슷한 것을 '보호색'이라고 해요.

사는 곳: 우리나라 전역
몸길이: 21~22mm
울음소리: 찌찌찌…… 쓰(찌)— 찌찌찌……
나타나는 시기: 5월 말~9월 중순

어디 있는 거지?

최고의 가수 애매미

애매미는 우리나라 어디에서나 볼 수 있는 매미예요. 평지에서부터 높은 산에 이르기까지 사는 곳도 아주 넓어요. 몸은 검은색이고 등에 녹색 무늬가 있어요. 양쪽 눈 사이의 이마가 툭 튀어나와 있지요. 수컷의 배딱지는 마름모 모양이고, 암컷의 산란관은 가늘고 길어서 꽁무니 바깥으로 삐져나와 있어요.

애매미는 매미 중에서 노래를 가장 잘 불러요. 다양한 소리로 울기 때문에 애매미의 노래는 늘 아름답게 들린답니다.

> 매미 울음소리가 새가 노래하는 것처럼 아름다워.

사는 곳: 우리나라 전역의 낮은 산지와 평지
몸길이: 26~30mm
울음소리: 씨우— 쥬쥬쥬쥬쥬…… 쓰와쓰와— 쓰츠크츠크츠크……오—쓰 츠크츠크……오쓰…… 히히히쓰히히히히히히……씨오츠 씨우…… 츠르르르르……
나타나는 시기: 7월 초~10월 중순

> 한 번 운 뒤에는 다른 나무로 옮겨 가요.

산속의 멋쟁이
참깽깽매미

참깽깽매미는 우리나라 매미 중에서 무늬와 색깔이 가장 화려한 매미예요. 등과 배가 검은색이며, 등에 영어 더블유(W) 자 무늬가 있어요. 배 윗부분에는 양옆으로 흰 점무늬가 있고, 배 끝까지 양옆에 점무늬가 있는 것도 있어요. 날개는 전체적으로 투명하지만 앞날개맥은 녹색이고, 뒷날개맥은 주황색이에요.

참깽깽매미는 높은 산에 살아요. 산지가 많은 강원도에서는 흔히 볼 수 있지만 다른 지역으로 가면 높은 산에 올라가야만 볼 수 있지요.

맑은 날 오전에 주로 울고, 흐린 날이나 오후에는 잘 울지 않아요. 처음에는 약하게 울다가 소리가 점점 커져요. 목청껏 크게 울다 갑자기 울음을 멈추곤 해요. 사람이 접근하면 '기-이익' 하며 경고한답니다.

> 참깡깽매미는 움직임이 둔해서 새에게 쉽게 잡아먹혀요.

사는 곳: 우리나라 전역의 높은 산지와 고산지대
몸길이: 약 35mm 정도
울음소리: 뜨르르르—
나타나는 시기: 7월 초~10월 초

점잖게 우는 쓰르라미
쓰름매미

쓰름매미는 애매미와 많이 닮았어요. 몸은 검은색이고 머리와 등에 녹색 무늬가 있거든요. 하지만 갈색 무늬도 섞여 있고, 배 마디에는 초록색 테두리가 있다는 점이 달라요. 또 쓰름매미의 무늬가 애매미보다 굵답니다. 울음소리도 서로 다르고요. 애매미는 새 소리 못지않게 화려하게 울지만, 쓰름매미는 점잖게 '쓰-름, 쓰-름' 울지요. 그래서 우리 조상들은 쓰름매미를 '쓰르라미'라고도 불렀어요.

쓰름매미는 높은 곳보다는 낮은 평지를 좋아해요. 주로 오전과 저녁에 우는데, 한 마리가 울면 주변 수컷들이 따라 울어요. 불빛이 환한 곳에서는 밤에도 계속 운답니다.

사는 곳: 우리나라 전역의 평지
몸길이: 약 31mm
울음소리: 쓰름, 쓰름
나타나는 시기: 7월 초~9월 중순

쓰름매미도 유지매미만큼 경계심이 강해요.

가을 노래를 부르는 늦털매미

늦털매미는 털매미와 매우 닮았어요. 하지만 털매미보다 몸통이 두껍고 둥글어요. 우리나라 전역의 산지와 평지에 고루 살아요. 추위에 강해서 밤 기온이 10도 아래로 떨어져도 잘 견뎌요.

사는 곳: 우리나라 전역의 낮은 산지와 평지
몸길이: 약 22mm
울음소리: 씨—익 씩 씩 씩 씩……
나타나는 시기: 8월 말~11월 초

소나무를 좋아하는 호좀매미

호좀매미는 등 윗부분에 노란색 느낌표(!)가, 그 아래에는 노란 점무늬가 두 개 있어요. 깊은 산속에서 살고 소나무 숲을 좋아해요. 경계심이 강해서 가까이 다가가면 울면서 다른 곳으로 날아가요.

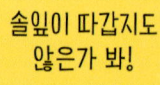

솔잎이 따갑지도 않은가 봐!

사는 곳: 우리나라 전역의 산지
몸길이: 약 24mm
울음소리: 칫칫칫칫……쩍 칫칫칫칫……쩍 칫칫칫칫……
나타나는 시기: 7월 초~9월 중순

소리가 들릴락 말락, 세모배매미

세모배매미는 배 모양이 세모꼴이고, 배 윗부분이 뾰족하게 솟아 있어요. 몸은 전체적으로 검은색을 띠어요. 울음소리가 작아서 발견하기 쉽지 않아요. 주변이 나무로 둘러싸이고 해가 잘 드는 풀밭 주변에서 찾아볼 수 있답니다.

사는 곳: 우리나라 산지의 일부
몸길이: 약 20mm
울음소리: 지—지—익
나타나는 시기: 4월 말~8월 초

색깔이 다양한 고려풀매미

고려풀매미는 녹색, 황색, 흑색 등 색이 다양해요. 우리나라 매미 중에서 가장 작고 귀여워요. 환경이 파괴되면서 이제는 산속의 해가 잘 드는 풀밭이나 풀이 무성한 무덤가에서나 겨우 볼 수 있어요. 눈치가 빨라서 다가가면 울음을 멈추거나, 울면서 다른 곳으로 도망가지요.

사는 곳: 우리나라 산지의 일부
몸길이: 16~17mm
울음소리: 칫칫칫칫……칫칫칫칫……
나타나는 시기: 5월 중순~8월 말

매미를 만들어 볼까?

여름 하면 가장 먼저 떠오르는 곤충은 무엇인가요? 생김새보다 울음소리가 먼저 떠오르는 곤충은요? 봄부터 늦가을까지 볼 수 있는 곤충은요? 가장 오래 사는 곤충은요? 바로 매미예요.
주변에 있는 재료로 함께 매미를 만들어 보아요.
생각보다 간단하고 재미있답니다.

색종이로 매미 접기

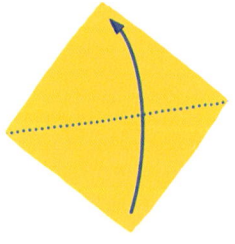

① 색종이를 반으로 접어요.

② 가운데 꼭짓점에 맞추어 양쪽 모서리를 접어요.

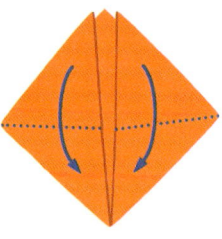

③ 앞 장을 아래로 비스듬히 접어요.

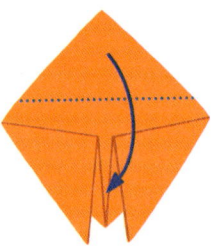

④ 앞 장을 아래로 접어요.

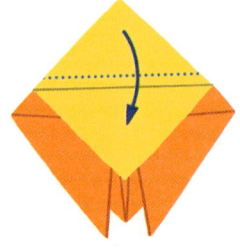

⑤ 앞 장의 아랫부분이 살짝 보이게 뒷장을 아래로 접어요.

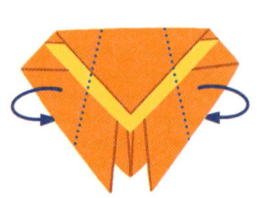

⑥ 양쪽을 뒤로 접고 눈을 그리면 완성!

종이컵으로 매미 만들기

준비물 ▶ 종이컵, 색종이, 이쑤시개, 색연필, 빵 끈, 가위, 풀

① 종이컵을 반으로 잘라 색종이를 붙여요.

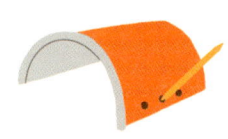
② 이쑤시개로 종이컵 양옆에 구멍을 3개씩 뚫어요.

③ 색종이로 날개를 만들고, 색연필로 날개맥을 그려요.

④ 날개를 몸통에 붙여요.

⑤ 빵 끈을 다리 모양으로 구부려요.

⑥ 빵 끈을 몸통에 꽂아요.

⑦ 색연필로 눈을 그려요.

⑧ 컵 바닥에 이쑤시개를 꽂아 입을 만들면 완성!

나랑 똑같이 생겼네!

스스로 연구하기

매미에 대한 궁금증이 많이 풀렸나요? 이제 밖으로 나가 매미를 직접 관찰하고, 채집도 해 보세요. 그리고 관찰한 내용을 관찰일지로 써 보세요. 나만의 매미 노트를 만들어 각각의 매미에 대해 정리해 보는 것도 재미있겠죠?

매미 관찰하고 채집하기

직접 나가서 관찰하고 채집해 보아야 매미에 대해 더 잘 알 수 있어요.

매미를 관찰해요

매미를 만나는 가장 쉬운 방법은 매미 소리가 들리는 나무를 찾아가는 거예요. 눈을 크게 뜨고 자세히 살펴보면 별다른 준비물 없이도 매미를 관찰할 수 있지요. 매미는 주로 낮에 활동하기 때문에 끈기 있게 기다리면 비교적 쉽게 매미를 만날 수 있답니다.

땅 밖으로 나오는 매미 애벌레를 보고 싶거나, 날개돋이를 관찰하려면 꽤 오랜 시간을 기다려야 해요. 또 높은 산이나 풀밭에 사는 매미를 만나러 갈 때는 단단히 준비해야 한답니다.

매미를 만나러 갈 때 필요한 준비물

녹음기
매미 소리를 녹음할 때 필요해요. 스마트폰으로도 가능하지요.

채집통
한 마리씩 담을 수 있도록 여러 개 준비해요. 그 이유는 매미끼리 서로 부딪혀서 날개가 찢어지거나, 몸에 상처가 나는 것을 막기 위해서예요.

포충망
곤충을 잡는 도구예요. 손잡이가 긴 것과 짧은 것을 함께 준비하면 좋아요.

배낭
필기도구, 점퍼, 물과 간식, 비상 약품을 준비해요.

장갑, 등산화 또는 운동화
각종 벌레와 독풀, 사고 예방 등 위험으로부터 몸을 보호해요.

카메라
혼자 찍기 어려우면 어른의 도움을 받는 게 좋아요.

> 매미를 취미 삼아 함부로 잡아 죽이면 안 돼요. 매미의 목숨도 소중하답니다.

매미를 채집해요

낮

매미를 채집하려면 모든 나무를 하나하나 잘 살펴야 해요. 울음소리를 따라가면 의외로 쉽게 발견할 수도 있지요. 하지만 매미는 사람이 가까이 다가가면 울음을 멈추거나 도망가 버려요. 그래서 매미가 알아채지 못하게 최대한 살금살금 다가가야 한답니다.

매미를 손으로 잡을 때는 날개가 상하지 않도록 주의해야 해요. 또 몸의 가루나 털이 떨어지지 않게 조심해야 하지요.

밤

매미는 곤충을 끌어들이는 불빛을 설치해도 잘 날아오지 않아요. 밤에 손전등이나 스마트폰으로 불빛을 비추면서 매미가 어디 있는지 살펴보는 게 제일 좋아요.

땅 밖으로 나오는 애벌레를 채집하고 싶다면 저녁 5~8시 사이에 매미가 많은 나무 주변에서 기다리면 돼요. 날개돋이 하는 매미를 본다면, 건드리지 말고 사진을 찍거나 동영상으로 촬영해 두세요. 함부로 만지면 죽을 수도 있으니 조심해야 해요.

매미를 보관해요

채집한 매미는 바로 표본으로 만드는 것이 바람직해요. 시간이 충분하지 않다는 매미를 냉동고에 넣어서 얼리세요. 그런 다음 나중에 매미를 꺼내 놓고 한두 시간쯤 지나면, 표본을 만들 수 있는 상태로 녹는답니다.

활동! 매미를 어떻게 표본으로 만드는지 알아보세요.

매미 관찰일기 쓰기

관찰하다가 생긴 궁금증은 따로 적어 놓고, 인터넷이나 책을 찾아서 해결해 보세요.

매미를 직접 관찰했거나 채집했다면, 그 내용을 관찰일기로 써 보세요. 매미의 종류, 울음소리, 크기, 생김새 등을 적고 관찰이나 채집 과정에서 겪은 일들을 솔직하게 쓰면 돼요. 궁금한 점이 있었다면 적어 놓고 더 깊이 탐구해 보세요.

| 날짜: 7월 30일 | 장소: 베란다 방충망 | 관찰 대상: 말매미 |

요즘 매미가 하루 종일 시끄럽게 울어 댄다. 오늘 아침엔 집에서 천둥이 치는 것 같은 요란한 소리가 들렸다. 소리 나는 곳으로 가 보니 베란다 방충망에 매미가 매달려 있었다. 매미가 '촤르르르—, 쐐애—' 하고 울었다. 울음소리가 얼마나 큰지 귀가 먹먹했다. 매미는 원래 '맴맴' 하고 울지 않나? 매미를 잡으려고 방충망을 열었는데, 조금 열자마자 휙 날아가 버렸다.

궁금한 점

아빠가 아까 우리 집에 온 것이 말매미라고 하셨다. 말을 닮은 것도 아닌데 왜 그런 이름이 붙었을까? 인터넷을 찾아보았지만 알 수 없었다. 아빠는 크다는 의미로 이름에 '말'을 붙인 것 같다고 하셨다.

| 날짜: 8월 2일 | 장소: 나무와 우리 집 | 관찰 대상: 말매미 |

잠자리채를 들고 말매미를 잡으러 나섰다. 제일 시끄러운 나무 아래에서 목이 뻐근해질 정도로 올려다보았지만 보이지 않았다. 소리는 나는데 보이질 않으니 더 화가 났다. 그때 나무 기둥 중간쯤에서 매미를 발견했다. 잠자리채를 냅다 휘둘러 매미를 잡았다. 집으로 가져와서 몸길이를 재 봤다. 4cm가 넘었다. 몸은 전체적으로 검은색이고 다리와 배 옆부분이 주황색이었다. 날개는 투명했다. 매미 모습을 남기고 싶어서 스마트폰으로 사진도 찍었다.

매미는 집에 있는 내내 시끄럽게 울었다. '쐐애—' 하며 요란하게 우는 모습이 어쩐지 불쌍하게 느껴졌다. 나는 매미를 그냥 놓아주었다. 대신 저 조그만 매미가 어떻게 저렇게 큰 소리를 내는지 알아보기로 했다. 내일 도서관에 가서 매미에 관한 책을 빌려 봐야겠다.

관찰한 매미를 그림으로 그려도 좋고 사진으로 찍어도 좋아요.

궁금한 점

매미를 나무에 놓아주고 계속 관찰했다. 한 마리가 우니 다른 매미들도 따라 울었다. 축구장이나 야구장에서 떼로 응원가를 부르는 것 같았다. 다른 매미들도 말매미처럼 한 마리가 울면 따라서 울까? 집 근처 산에서도 매미 소리가 들리던데 가서 확인해 봐야겠다.

나만의 매미 노트 만들기

매미를 좋아한다면 나만의 매미 노트를 만들어 보세요. 관심 있는 매미마다 크기와 생김새, 사는 곳 등의 특징을 적고 궁금한 점이나 더 알고 싶은 점 등을 적으면 돼요. 이렇게 계속하면 나만의 매미 노트가 완성된답니다.

참깽깽매미

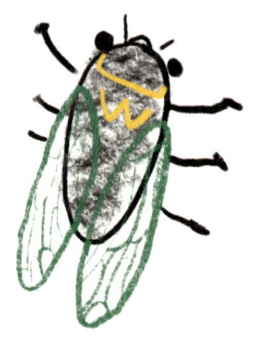

몸길이 : 약 35mm 정도
수명 : 정확히 모름
발견한 곳 : 천마산
울음소리 : 뜨르르르—
볼 수 있는 시기 : 7월 초부터 10월 초까지

생김새	등에 노란색 W 자 모양 무늬도 있고, 그 바로 아래에 작게 X자 모양 무늬도 있다. 배에는 양옆으로 흰 점무늬가 있다. 앞날개의 그물 모양 맥은 위쪽은 초록색이고 아래는 검은색이다. 뒷날개의 그물 모양은 주황색이다.
사는 곳	높은 산지에 주로 산다고 한다. 강원도에는 산이 많아서 다른 곳보다 많이 살 것 같다.
생각해 볼 점	몸놀림이 둔해서 새에게 잘 잡아먹힌다고 한다. 심지어 잘 움직이지도 않는다고 한다. 무늬가 화려해서 적의 눈에도 잘 띌 텐데, 왜 움직이는 걸 싫어할까? 며칠 전 공원에서 본 참매미는 잡으려고 하니까 잽싸게 날아가던데……. 참 안타깝다.

매미는 얼핏 보면 다 비슷해 보이므로, 사진으로 남기거나 생김새를 자세히 적어 두어야 해요.

울음소리를 따로 녹음해 두는 것도 좋아요.

몸길이 :

수명 :

발견한 곳 :

울음소리 :

볼 수 있는 시기 :

생김새

사는 곳

생각해 볼 점

궁금한 것을 묻고 답해요

Q. 매미는 오줌싸개라면서요?

매미는 뾰족한 주둥이를 나무줄기에 박아 넣고 나무즙을 빨아먹고 살아요. 매미는 나무즙을 먹으며 꽤 오랜 시간을 보내요. 왜냐하면 나무즙에는 물 말고는 별다른 영양소가 없어서 많이 먹어야 하거든요. 그런데 우리가 물을 많이 마시면 오줌이 마려운 것처럼, 매미도 나무즙을 많이 먹기 때문에 오줌을 많이 쌀 수밖에 없어요. 많이 먹고 많이 싸는 게 매미가 살아가는 방법이랍니다. 그리고 오줌은 매미가 적을 공격하는 좋은 수단이기도 하대요.

Q. 매미 수컷은 소리를 듣지 못하나요?

곤충 학자 파브르는 매미가 소리를 듣지 못한다고 생각했어요. 매미 주변에서 대포를 쏘았는데도 꼼짝하지 않았거든요. 나중에 학자들이 연구한 끝에 매미도 소리를 들을 수 있다는 것을 알아냈어요. 하지만 매미가 들을 수 있는 소리는 사람이 들을 수 있는 소리와 달라요. 동물마다 들을 수 있는 소리의 종류가 다르기 때문이에요.

Q. 매미 애벌레는 땅속에서 어떻게 그리 오래 살 수 있나요?

매미 애벌레는 몇 년 동안이나 땅속에서 생활해야 해요. 애벌레들이 안전하게 살아가려면 집이 필요하겠지요? 그래서 매미 애벌레는 땅굴을 만들어요. 앞발로 흙을 파서 오줌을 싼 다음 그것을 주변에 문지르지요. 그러면 단단한 벽이 만들어져요. 애벌레는 온몸으로 흙을 문질러 벽을 만든답니다. 애벌레가 자라 땅굴을 넓힐 때도 같은 방법을 사용해요. 이렇게 하면 파낸 흙을 땅 위로 내보내지 않고도 단단한 땅굴을 만들 수 있어요. 애벌레는 땅 위로 올라올 때까지 땅굴 만들기를 계속해요. 그래서 땅 위로 막 올라온 애벌레의 몸에는 진흙이 잔뜩 묻어 있지요.

Q. 매미를 먹는다는 얘기가 있던데 진짜인가요?

우리나라에서는 매미를 먹지 않아요. 다만 매미 허물을 약으로 쓸 뿐이에요. 하지만 어떤 나라에서는 매미를 음식으로 먹어요. 대표적으로 중국 사람들은 매미를 볶거나 튀겨서 먹어요. 동남아시아와 아프리카 일부 지역에서도 매미를 음식으로 먹지요. 일본에서도 곤충 전문 식당이 늘어나면서 매미를 먹는 사람들이 늘어나고 있어요. 오죽하면 일본의 한 공원에서는 매미를 잡아먹지 말라는 경고 문구를 붙였다고 해요.

음식으로 먹다니, 매미가 너무 불쌍해.

매미 탐구 퀴즈를 풀어요

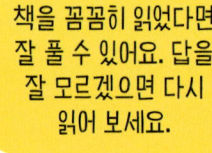
책을 꼼꼼히 읽었다면 잘 풀 수 있어요. 답을 잘 모르겠으면 다시 읽어 보세요.

매미에 대해 얼마나 알게 되었나요? 다음 퀴즈를 풀면서 매미와 얼마나 친해졌는지 알아보세요.

① 세계에서 가장 오래 사는 곤충은 무엇일까요?

퀴즈 만점에 도전!
멍멍!

② 수컷 매미는 왜 우나요?

④ 매미는 알, 애벌레, 번데기, 어른벌레의 단계를 거치는 곤충이에요.
설명이 맞으면 O, 틀리면 ×표 하세요.

③ 뾰족한 주둥이로 식물이나 동물의 즙을 빨아 먹고 사는 곤충 무리를 무엇이라고 부르나요?
(매미도 여기에 속해요.)

⑥ 애벌레는 오랜 기간 어디에서 보내며 무얼 먹고 사나요?

⑤ 알에서 나온 애벌레는 어디로 가나요?

7 매미는 어디로 우나요?

8 수컷 매미의 배에는 소리를 내는 ○○○가 있고, 암컷 매미의 배에는 알을 낳는 □□□이 있어요.

9 매미가 울 때 '맴맴'이라고 하는 것은 어느 매미의 울음소리를 흉내 낸 것일까요?

10 다음 중 매미의 천적이 아닌 것은 무엇일까요?
① 장수풍뎅이 ② 개미
③ 두더지 ④ 참새

11 날개가 불투명해서 멀리 떨어져서 보면 나방을 닮은 매미는 무엇일까요?

12 우리나라 매미 중에서 가장 큰 매미는 무엇일까요?

13 노래를 가장 잘하는 매미는 무엇일까요?

14 보호색을 띠어 눈에 잘 보이지 않는 매미는 무엇일까요?

15 다음 중 매미를 만날 수 없는 곳은 어디일까요?
① 도시 ② 숲
③ 해변 ④ 풀밭

정답은 72쪽에 있어요.

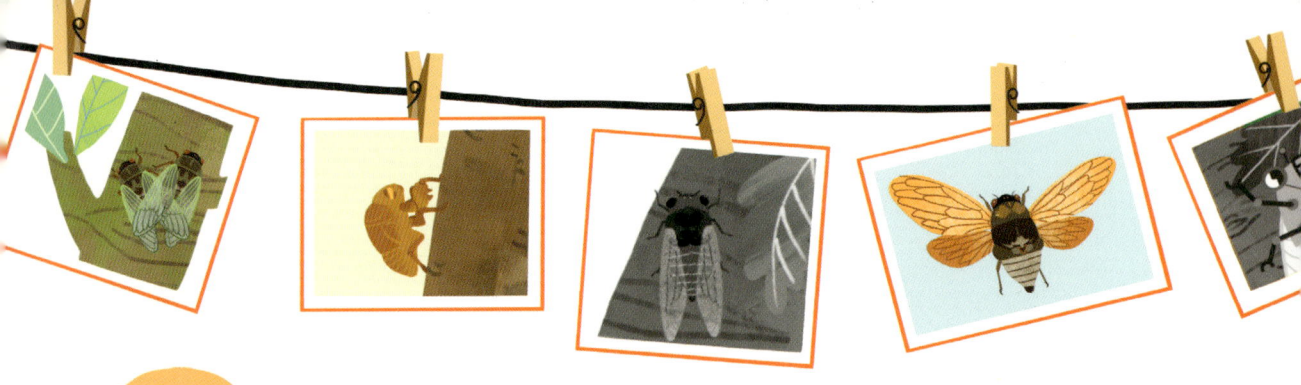

정답

70~71쪽

1. 매미 (17쪽)
2. 짝짓기를 할 암컷을 찾기 위해서 노래를 불러요. (10쪽)
3. 노린재목 (12쪽)
4. X (21쪽)
5. 땅속으로 들어가요. (24쪽)
6. 땅속에서 나무뿌리의 즙을 먹으면서 살아요. (26쪽)
7. 배로 울어요. (36쪽)
8. 발음기, 산란관 (36쪽, 14쪽)
9. 참매미 (46쪽)
10. ①, 장수풍뎅이도 매미처럼 나무즙을 먹고 살아요. (30~31쪽)
11. 유지매미 (50쪽)
12. 말매미 (48쪽)
13. 애매미 (53쪽)
14. 털매미 (52쪽)
15. ③, 매미는 바닷가에 살지 않아요.

∗ ( ) 안의 본문을 참고하세요.

참매미

말매미

유지매미

늦털매미

참깽깽매미

세모배매미

털매미

애매미

쓰름매미

소요산매미

호좀매미

고려풀매미